Choo H. Kim

Atlas de bolso
Acupuntura Coreana da Mão

icone
editora

© Copyright 2018
Ícone Editora Ltda.

Ilustrações
Choo H. Kim

Projeto gráfico e Diagramação
Suely Danelon

Revisão
Juliana Biggi

Proibida a reprodução total ou parcial desta obra, de qualquer forma ou meio eletrônico, mecânico, inclusive através de processos xerográficos, sem permissão expressa do editor (Lei n. 9.610/98).

Todos os direitos reservados pela
ÍCONE EDITORA LTDA.
Rua Javaés, 589 – Bom Retiro
CEP: 01130-010 – São Paulo/SP
Fone/Fax: (11) 3392-7771
www.iconeeditora.com.br
iconevendas@iconeeditora.com.br

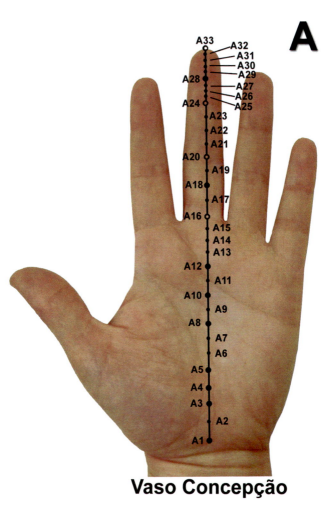

Vaso Concepção

B

Vaso Governador

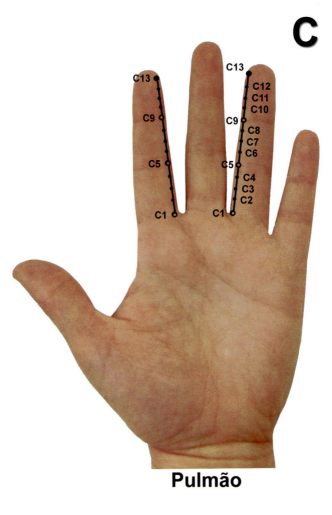

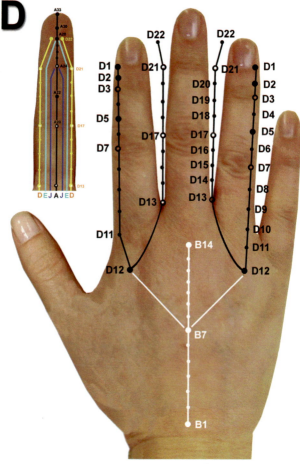

Intestino Grosso

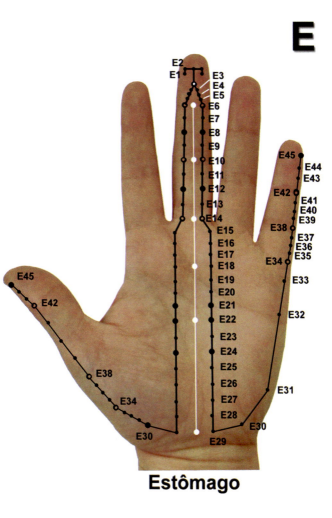

Estômago

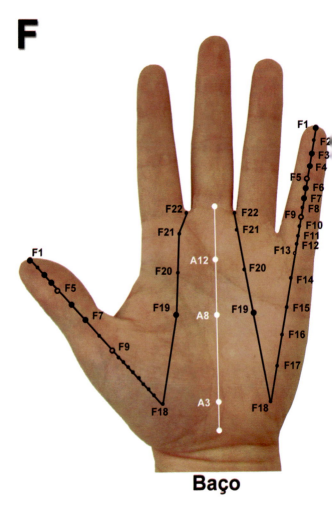

Baço

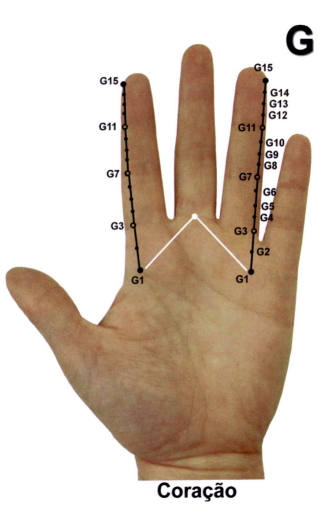

H

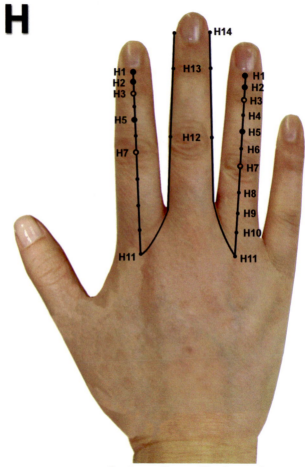

Intestino Delgado

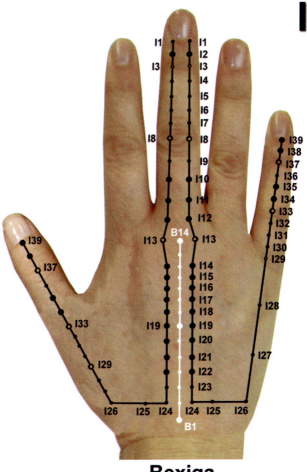

Bexiga

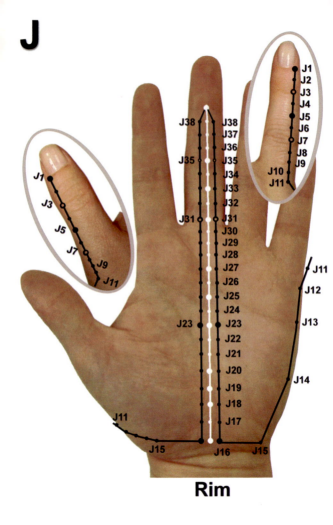

Rim

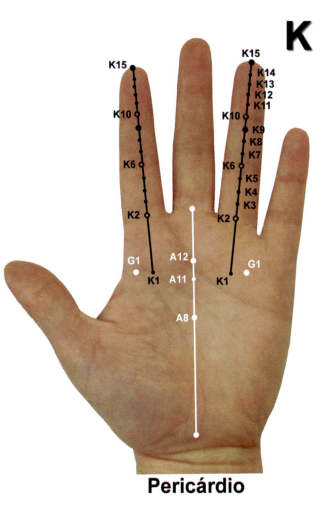

Pericárdio

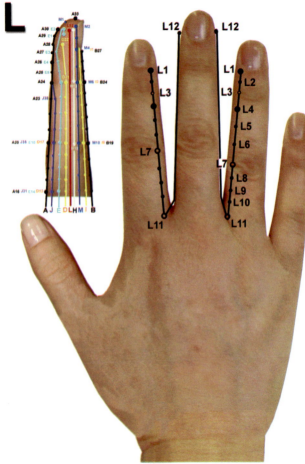

Triplo Aquecedor

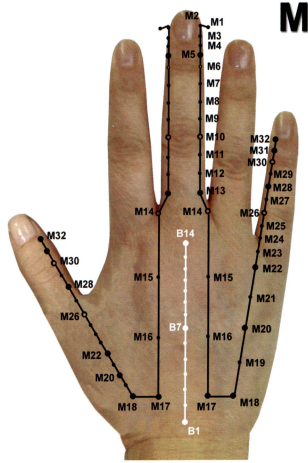

Vesícula Biliar

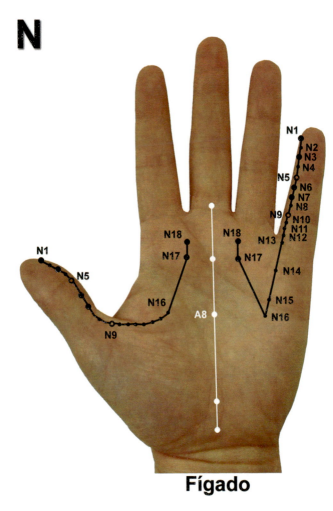

Fígado

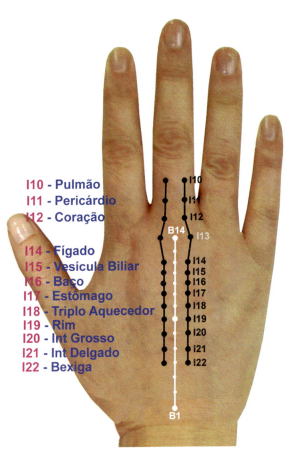

Shu Dorsais

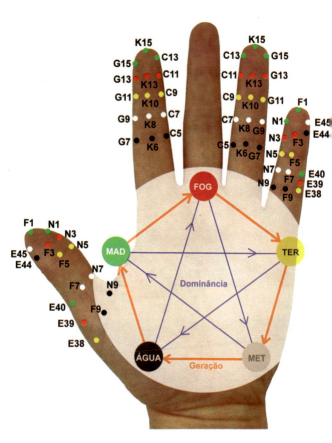

Shu antigo

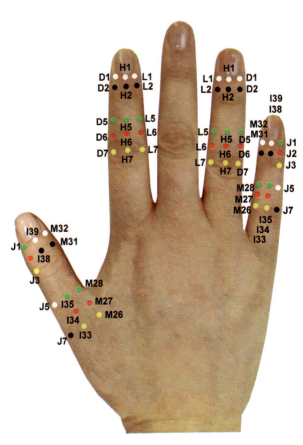

Shu antigo

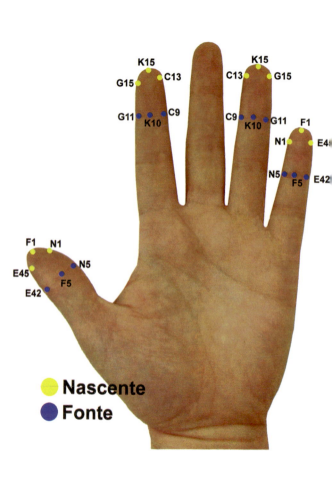

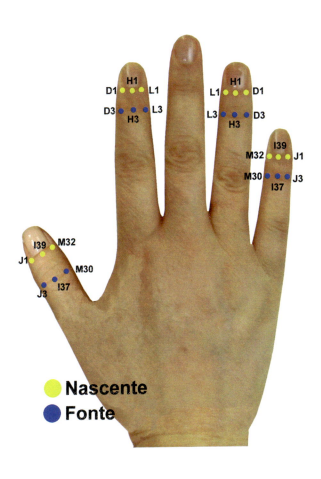

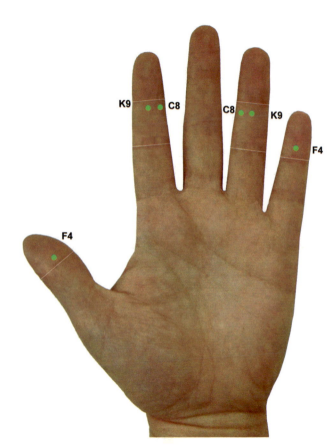

Extraordinário

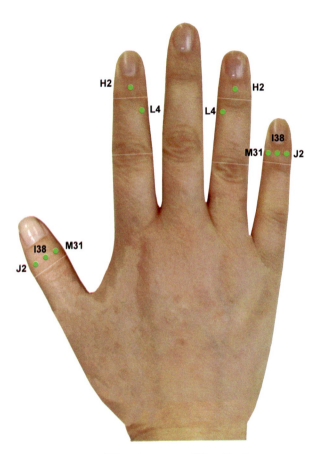

Extraordinário

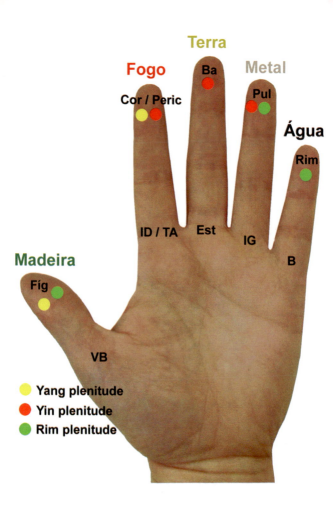

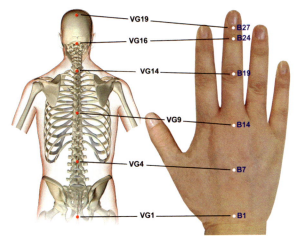
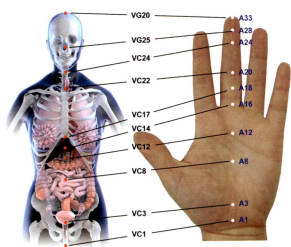

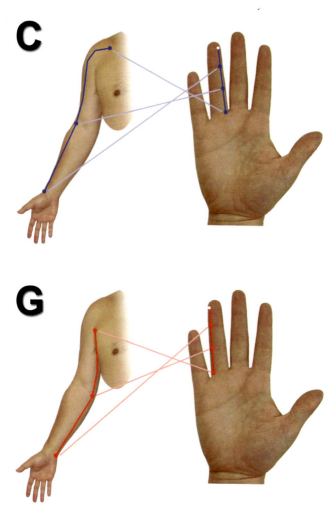

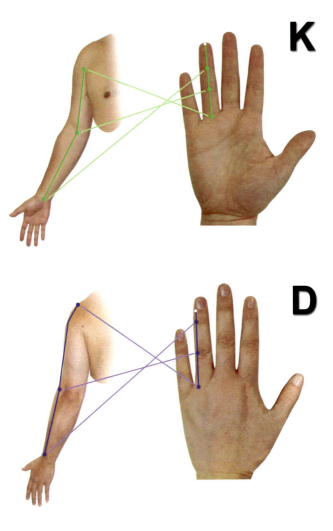

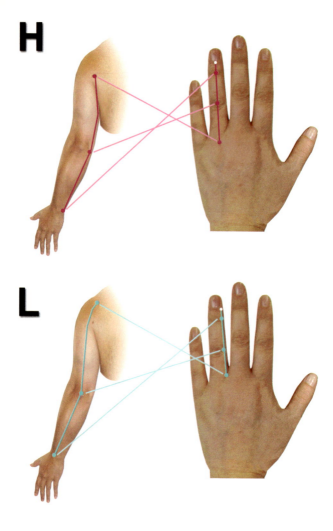

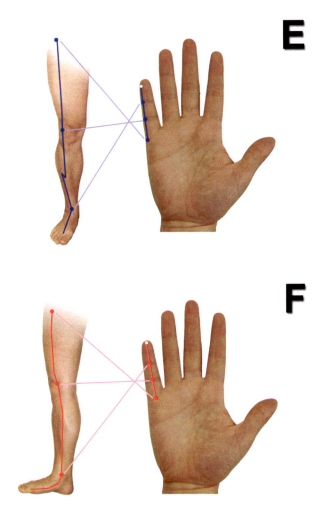

N

I

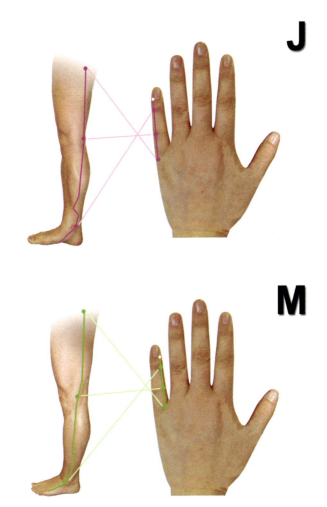

	TONIFICAÇÃO	
	Tonif	**Sedar**
C (Pul)	C9, F5	C11, G13
D (IG)	D7, E38	D6, H6
E (Est)	E39, H6	E40, M28
F (BP)	F3, G13	F1, N1
G (Cor)	G15, N1	G7, J7
H (ID)	H5, M28	H2, I38
I (BX)	I39, D1	I33, E38
J (Rim)	J5, C7	J3, F5
K (PC)	K15, N1	K6, J7
L (TA)	L5, M28	L2, I38
M (VB)	M31, I38	M32, D1
N (Fig)	N9, J7	N7, C7

	SEDAÇÃO	
	Tonif	**Sedar**
C (Pul)	C11, G13	C5, J7
D (IG)	D6, H6	D2, I38
E (Est)	E40, M28	E45, D1
F (BP)	F1, N1	F7, C7
G (Cor)	G7, J7	G11, F5
H (ID)	H2, I38	H7, E38
I (BX)	I33, E38	I35, M28
J (Rim)	J3, F5	J1, N1
K (PC)	K6, J7	K10, F5
L (TA)	L2, I38	L7, E38
M (VB)	M32, D1	M27, H6
N (Fig)	N7, C7	N3, G13

	VENTO	
	Tonif	Sedar
	Metal	Madeira
C (Pul)	C7,F5	C13,N1
D (IG)	D1,E38	D5,M28
E (Est)	E45,D1	E40,M28
F (BP)	F7,C7	F1,N1
G (Cor)	G9,C7	G15,N1
H (ID)	H1,D1	H5,M28
I (BX)	I39,D1	I35,M28
J (Rim)	J5,C7	J1,N1
K (PC)	K8,C7	K15,N1
L (TA)	L1,D1	L5,M28
M (VB)	M32,D1	M28,H6
N (Fig)	N7,C7	N1,G13

	CALOR	
	Tonif	Sedar
	Água	Fogo
C (Pul)	C5,J7	C11,G13
D (IG)	D2,I38	D6,H6
E (Est)	E44,I38	E39,H6
F (BP)	F9,J7	F3,G13
G (Cor)	G7,J7	G13,F5
H (ID)	H2,I38	H6,E38
I (BX)	I38,D1	I34,H6
J (Rim)	J7,C7	J2,G13
K (PC)	K6,J7	K13,F5
L (TA)	L2,I38	L6,E38
M (VB)	M31,I38	M27,H6
N (Fig)	N9,J7	N3,G13

	UMIDADE	
	Tonif	Sedar
	Madeira	Terra
C (Pul)	C13,N1	C9,F5
D (IG)	D5,M28	D7,E38
E (Est)	E40,M28	E38,D1
F (BP)	F1,N1	F5,C7
G (Cor)	G15,N1	G11,F5
H (ID)	H5,M28	H7,E38
I (BX)	I35,M28	I33,E38
J (Rim)	J1,N1	J3,F5
K (PC)	K15,N1	K10,F5
L (TA)	L5,M28	L7,E38
M (VB)	M28,I35	M26,E38
N (Fig)	N1,J7	N5,F5

	SECO	
	Tonif	Sedar
	Fogo	Metal
C (Pul)	C11,G13	C7,J7
D (IG)	D6,H6	D1,I38
E (Est)	E39,H6	E45,D1
F (BP)	F3,G13	F7,C7
G (Cor)	G13,N1	G9,C7
H (ID)	H6,M28	H1,D1
I (BX)	I34,H6	I39,D1
J (Rim)	J2,G13	J5,C7
K (PC)	K13,N1	K8,C7
L (TA)	L6,M28	L1,D1
M (VB)	M27,H6	M32,D1
N (Fig)	N3,G13	N7,C7

	FRIO	
	Tonif	Sedar
	Fogo	Água
C (Pul)	C11,G13	C5,J7
D (IG)	D6,H6	D2,I38
E (Est)	E39,H6	E44,I38
F (BP)	F3,G13	F9,J7
G (Cor)	G13,F5	G7,J7
H (ID)	H6,E38	H2,I38
I (BX)	I34,H6	I38,D1
J (Rim)	J2,G13	J7,C7
K (PC)	K13,F5	K6,J7
L (TA)	L6,E38	L2,I38
M (VB)	M27,H6	M31,I38
N (Fig)	N3,G13	N9,J7